좋은 그림 좋은 시 · 1

박성현

Park, Sung Hyun

한국대표중진화가선집

고요아침

좋은 그림 좋은 시 1

박성현 한국대표중진화가선집

초판 1쇄 인쇄일 · 2007년 11월 23일
초판 1쇄 발행일 · 2007년 11월 30일

지은이 | 박성현
펴낸이 | 노정자
펴낸곳 | 도서출판 고요아침
편　집 | 김창일

출판 등록 2002년 8월 1일 제1-3094호
120-814 서울시 서대문구 북가좌동 328-2 동화빌라 101호
전화 | 302-3194~5(대표)
팩스 | 302-3198
e-mail:goyoachim@hanmail.net

ISBN 978-89-6039-122-2(04980)
값 10,000원

Park, Sung Hyun

거금도 스케치 | Watercolor on paper

섬, 머나먼 이야기

박성현 화백에게

물 주름처럼 많은 얘기들을 그림으로 그려내는 이가 있다. 텅 빈 하늘과 섬이 있을 뿐인데 신라나 백제보다 더 많은 사연들이 살고 있다. 거기에는 물빛 젖은 사람들이 물빛 젖은 눈으로 서로의 상처를 쓸어주며 살아가고 있을 것이다. "으응, 그래." 고개 끄덕여주며 동구 밖까지 같이 동행해 줄 것이다. 어떤 때는 갈릴리 바다처럼 눈부신 햇살이 부서지기도 하지만 발트해처럼 반물빛 눈물의 사랑 같기도 한, 가볍지만 가볍지 않은 무겁지만 무겁지 않은 이 부드러움! 해실해실 웃는 눈썰미. 우렁우렁한 눈물 그러니 그가 지나는 붓 끝에선 꽃이 피고 새가 운다. 안팎이 내통하는 웅숭한 항아리의 울림, 환한 그늘의 시詩, 오늘도 열매를 떨어뜨리고 가는 애진 마음의 바람이 불고 있다. 땅을 박차고 나는 새의 부신 날갯짓 저리 선명하다.

이지엽(시인)

거금도 53.0×33.4㎝ Oil on canvas

바다

김남조

바다여
나의 좋으신 분을
수평선 저 너머
네가 업어 뫼신 후
날마다 천도天桃 한 알을
상에 올리네

즈믄 날 만경창파
머리 풀어 바치는
나의 제사
어느 덧 서리 묻은
내 귀밑머리

어쩔라나
어쩔라나
오늘은 영혼 안의 그 바다에 와도
하늘복숭아
가지만 휘어지고

호심 72.7×53.9㎝ Oil on canvas

아득한 성자

조오현

하루라는 오늘
오늘이라는 이 하루에

뜨는 해도 다 보고
지는 해도 다 보았다고

더 이상 더 볼 것 없다고
알 까고 죽는 하루살이 떼

죽을 때가 지났는데도
나는 살아 있지만
그 어느 날 그 하루도 산 것 같지 않고 보면

천년을 산다고 해도
성자는
아득한 하루살이 떼

거금도 오천항 40.9×30.3㎝ Oil on canvas

섬

나기철

여기서 묘향산은 삼천 리
지나쳐 보지도 못했고나
언제나 내 가슴에 젖어 울던 산
어머니 주름살에서 무수히 청천강은 흘러가고
오늘 이 기슭에 올라와
북쪽을 바라보니
섬 하나 하얗게 떨고 있다

거금도 옥룡해안 72.7×53.9㎝ Oil on canvas

섬, 아버지

이용우

아흔을 넘기신 아버지에게
세상은 쏟기 쉬운 위험한 바다
내가 할 수 있는 일은
그 바다 접시에 담아 떠 먹여드리는
묽은 죽 반 접시뿐
잎 다 지운 마른 삭정이 같은
아버지의 섬이 나를 따라 떠돌고
내가 아버지의 바다에서 나온 섬이었는데
이제 나의 바다에서 떠도는 아버지의 섬
삶과 죽음은 이미 경계를 잃어버렸는데
자신을 업어가려는 폭풍우와 싸우며
반 그릇 식은 죽의 풀기의 힘으로
아버지, 해안선을 꽉 붙잡는다

거금도 스케치II Watercolor on paper

섬 7

오인태

신혜 아버지는 먼 바다에
고기잡이를 나가 실종됐다
선주인 성환이 어머니는
유족들에게 몰매를 맞고
병원에 입원해 있다
그러나 신혜와 성환이가
서로 눈 흘기는 일은
아직 한 번도 보지 못했다
밀물지면 남인가 싶다가도
썰물지면 한 몸이라는 것,

섬을 보면 안다.

거금도 스케치Ⅲ Watercolor on paper

섬

윤효

내일 아침 다시 뭍으로 돌아가야 하는 사람들은
밤바다를 향해 간절히 빌게 된다.

뱃길이 부디 끊어지기를 빌게 된다.

독도일우 45.5×27.3㎝ Oil on canvas

섬

복효근

파도가 섬의 옆구리를 자꾸 때려친 흔적이
절벽으로 남았는데
그것을 절경이라 말한다
거기에 풍란이 꽃을 피우고
괭이갈매기가 새끼를 기른다
사람마다의 옆구리께엔 절벽이 있다
파도가 할퀴고 간 상처의 흔적이 가파를수록
풍란 매운 향기가 난다
너와 내가 섬이다
아득한 거리에서 상처의 향기로 서로를 부르는,

만경창파-독도 72.7×53.0㎝ Oil on canvas

섬

오세영

외롭지 않은 것은 섬이라 할 수 없다.
망망한 바다 위에 저 홀로 깨어 있어
거친 물 성난 바람에도 제자리를 늘 지킨다.

멀리 있지 않은 것은 섬이라 할 수 없다.
수평선 아득하게 뭍으로만 귀를 열고
백년을 하루와 같이 해조음海潮音을 듣는다.

외롭지 않은 자는 시詩를 쓸 수 없으리.
멀리 있지 않는 자는 시를 쓸 수 없으리.
시인도 섬과 같아라 백지白紙에 뜬 갈매기.

연홍 45.5×38.0㎝ Oil on canvas

사람의 섬

정경남

바다를 건너야 섬에 닿듯
그 사람을 건너야 닿을 수 있는
섬이 있다, 부르면 아득해지는 이름
그 섬으로 가는 길은
나 또한 섬 되어
지치도록 바라보는 일뿐이니

섬선인장 45.5×37.9㎝ Oil on canvas

섭

이지엽

가장 대비되는 장소에서
화려하고 요긴하게
기꺼이 살을 헌납하는
톡 쏘는, 알싸한, 붉은, 썩은
아아 영원히 전라도적인 홍어, 의 살점.

낙조 116.8×80.3㎝ Oil on canvas

첫사랑

정일근

고샅에서 동구 밖까지 울며
울면서 따라오던 달성 서씨 그 가시내
따라오면 죽어버리겠다는 한 마디에
그 자리에서 서서 섬이 되어버린
파란 새파란 보리밭 같은 그 바다에
미루나무 같은 섬이 되어 버린 첫사랑
바라보면 볼수록 아픈
우리 아픈 열일곱 살

영종도 40.9×30.3㎝ Oil on canvas

알뿌리의 집

하두자

덮어 두었던 항아리속 감자들이
출렁이는 봄햇살에
푸른 알들을 깐다
땅속으로 뿌리를 내린다고
씨눈 몇 조각으로 체온을 데워
불을 켠다
부화하는 어린 싹눈들
푸석한 흙속으로 파고 들며
제 몸 실핏줄까지 힘을 모운다
꽃샘바람에 함몰된 찬란한 부패
탱탱하게 불어났다
결핍이 꽃처럼 눈부신
알뿌리의 집

조양(潮陽) 72.7×60.6㎝ Oil on canvas

소금수레

함순례

어젯밤 옆방에 들었던 뱃사내
흠집 난 한쪽 귀퉁이 보여주곤 떠났어
어딘가 벗겨져 있거나 접혀져 있는 사람들
섬에서 하룻잠 지내고 나면 더 잘 보이지
섣불리 아는 체 할 순 없지만
파도민박 손수레처럼
덜컹거리는 두 바퀴로 굴러가고도 싶을 거야

자동차 한 대 없는 섬 쪽으로
갈마기떼 빗금 그으며 몰려오는 저녁 무렵

곧 배 닿겠다

바다 바람 27.3×22.0㎝ Oil on canvas

내 마음의 섬

황인원

하루의 지친 몸으로 들어간 방
맑은 물 한 줄기 흐르고 있었네

지난 여름 북한산 계곡을 흐르다 나온
마음 한 자락이었네

물 속에 지난 밤 버린 나의 말이
둥둥 떠 있었네
사랑이라고 되내이던
단풍잎 같던 내 점선의 흔적,

깊은 밤
더러운 육체를
씻기고 있었네

섬이었네.

서해 65.1×50.0㎝ Oil on canvas

목포의 눈물 1

박시교

그리운 섬 하나 마음에 두러 목포에 갔다
이난영의 그 애절한 눈물 보러 목포에 갔다
바다를
돌아앉은 유달산이
초췌한 그 목포에

삼학도 푸른 파도는 잠든 지 이미 오래고
바닥을 다 드러낸 영산뻘은 끝이 없구나
가슴에
묻어야 할 말
'목포는 항구다'

조가시마 72.7×50.0㎝ Oil on canvas

바위섬

김제현

천 년 바람 속 難破의 바다를 안고

바위는 목이 마르다.

젖은 날개를 말리던 작은 새 한마리

먼 바다 깊이를 휘저어 가고…….

바위는

옆구리 터진 살에 石蘭을 기른다.

보라빛 장마 72.7×53.9㎝ Oil on canvas

秘密의 섬

정다혜

휴대폰에 저장된 바다를 뒤적거리다가
낯익은, 혹은 낯선 섬을 꺼내본다
가을꽃처럼 뚜렷한 수평선
추억이 반쯤 남은 파도
이목구비가 지워져버린 해안선
저 바다의 소금내음을 풍기며
누르면 섬이 나타났다
지우면 섬이 사라진다
그러나 저장할 수 없는 바다
지워지지 않는 섬 있으니
늘 내 심장에 저장했다 꺼내 쓰는
비밀의 바다로 가는 문을 여는
섬 있으니
그 이름 기억하는 일만으로도
나를 지지배배 울리거나
나를 부르르 진동시키는
비밀, 비밀의 섬

심상의 나부 65.1×50.0㎝ Oil on canvas

섬

윤향기

그 남자,
지금쯤 어디서 무얼하고 있을까

목련이 필 때 45.5×37.9㎝ Oil on canvas

거제도 일기

— 목련 지는 날

김정완

흰 새 가득 앉은 나무에 시린 바람이 인다

아버지 명치 끝 검은 돌이 웬 말인가
그 쓰린 가슴으로
무거운 짐 하나 씩 부리시고
지세우던 아린 밤

겨울바람 후려친 상처마다
목련꽃 흐드러진 흰 새벽
내 작은 뜨락에 흰 등을 내걸었다
소복이 뚝뚝 떨어지는 꽃 속으로
눈물이슬 밟고 걸어가신
하얀 빈 하늘

에게해 45.5×37.9㎝ Oil on canvas

섬

한규동

금성에서 이별 한 뒤,
내 마음에 떠오른 살점 하나
푸른 바다에 잠겨있다.

홍역이 끝난 뒤
살점으로 떠오른 반점 하나
우주에서 반짝이고 있다

에게해 | 60.6×45.5㎝ Oil on canvas

연가

박상호

아리잠직한 그대의 변치 않는 눈망울처럼
너를 위하여 나는 찬 소금의 하프를 켠다
지지마라 지지마라 삼동에도
내 하늘에는 다도해 수많은 섬들의 별이 뜬다.

에게해 II 45.5×33.4㎝ Oil on canvas

에게 에기나섬 53.0×45.5㎝ Oil on canvas

섬 2

이재식

그러니, 어쩔거나

날선 물살이
멍든 상처를 쑤셔대는 저
난장에서

시퍼런 아픔을
뭉텅이째 게워내고도 그렇게
어깨 들먹이는
망부여

하늘은 잿빛으로 내려와
말살스런 딴청일 뿐
물안개로 쌓인 정한이 겨워
진빠진 몸뗑이는
무겁게 가라앉는데

뭍은 까맣게 타버리고
새 한 마리 떠있지 않은
이 적막을

사랑이여
그러니, 어찌할거나

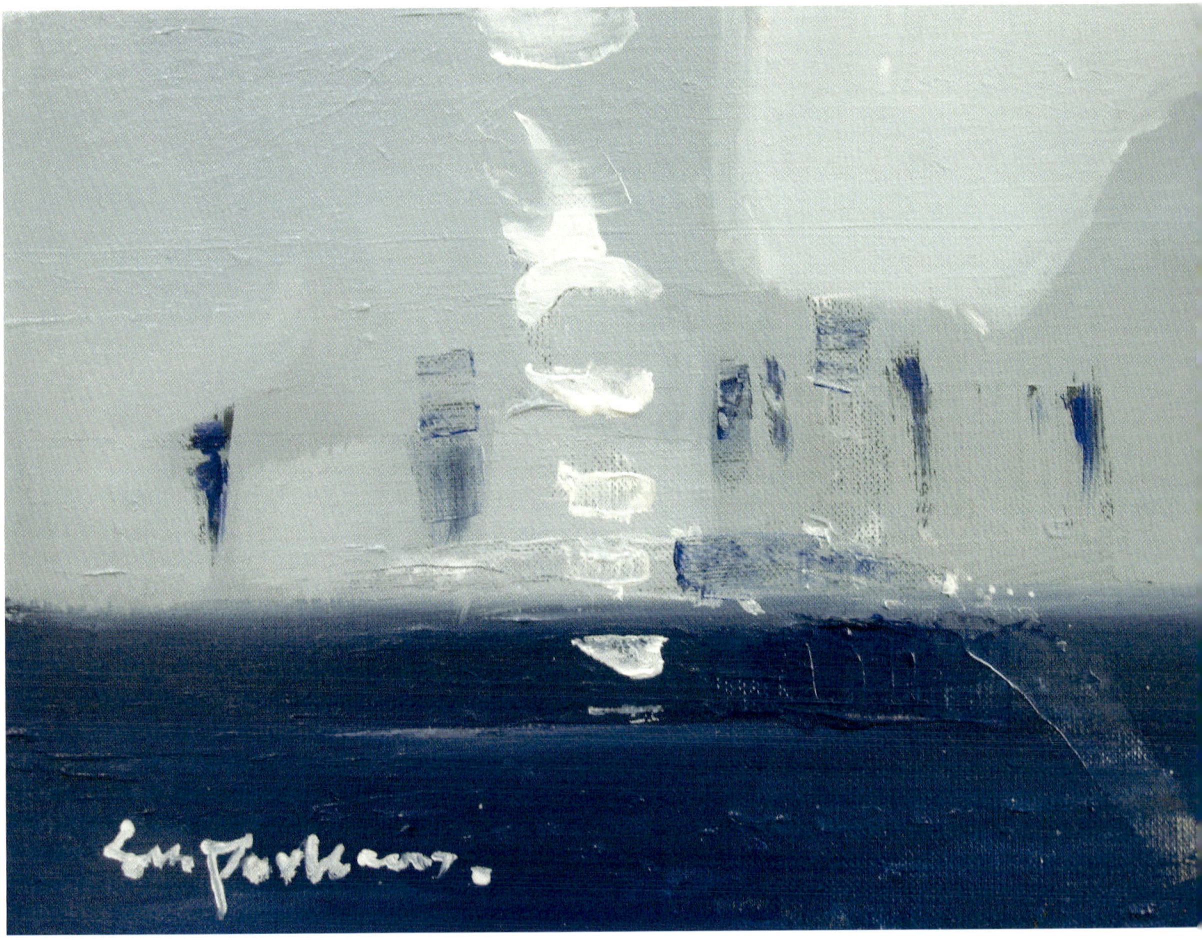

갈릴리 바다 33.4×24.2㎝ Oil on canvas

갈릴리 바다 햇살 아래서

김영자

갈릴리 바다 햇살 아래서
평생 살아 온 베드로
뙤약볕에 앉아 그물 손질하다 미친 듯 일어선다
바닷가 누우런 들풀들 숨죽인다

어제 밤 빈 배로 돌아온 것 잊고 싶었지만
아이들의 깔깔대는 소리 바람에 날아들고 있다
주체할 수 없는 무거운 짐을 지고
부리나케 그물을 점검한다 바닥에 펴 놓고

갈릴리 바다 햇살에
반짝이는 물비늘 베드로는 주시하며
끊임없이 스스로 속삭인다 다시 그물을 던져보자고
아침을 건너 뛰어 어두운 밤 기다린다

갈릴리 바다 햇살 아래서 예수님은
'베드로야, 배를 육지에서 조금 띄워라'
예수님이 군중을 향해 말씀을 다 하실 때까지
노를 저었다

말씀을 마치신 예수님
'베드로야, 깊은 데로 가서 그물을 내려라'
베드로는 고개를 갸웃하며
갈릴리 바다는 수정같이 맑은데?
그물이 바다에 내려가면 훤히 보이는데?
그물을 보면 고기가 다 도망을 가는데?
그래서 어부들은
갈릴리 햇살이 어두움에 묻히면 그물을 던지는데?
어제 밤이 다 지나도록 수고했는데?

갈릴리 바다에서 잔뼈가 굵도록 경험한 것에서
벗어나는데도
베드로는 예수님의 말씀에 의지하며 그물을 내렸다
갈릴리 바다 햇살 아래
비워 두었던 두 배
펄펄 뛰는 물고기로 가득 찼다

갈릴리 바다 햇살 아래서 예수님을 만난
그날은 베드로 생애 최고의 날이었다

쉬농소의 겨울 잔상 53.0×40.9㎝ Oil on canvas

고래콧구멍*

오승철

간신히 돌아앉아 마음잡은 우도바다
때로는 돌고래 떼, 트랙터 쟁깃날처럼
유랑의 바다 한 끝을 휘휘 갈아엎는다.

길이란 길은 죄다 바다에 와 끊기고
들고양이처럼 장다리꽃 밭돌담 넘는 오후
섬 뱅뱅 토악질하듯 떠도는 저 숨비소리

4 · 3도 섬을 그냥 비켜가지 않았는가.
토박이, 토박이말로 주간명월晝間明月 돌아들면
어머니 가슴 한 복판 대낮에도 달이 뜬다.

파도치지 않아도 우도여, 넌 노래다.
누가 이 그리움 통발로 가뒀는지
한 마리 고래콧구멍, 석관악기 불어댄다.

*고래콧구멍 : 동안경굴이라고 하며 우도 팔경 중의 하나이다.
해마다 이곳에서 동굴음악회가 열린다.

自然, 藝術 그리고 人生

차범석

무릇 예술작품의 의미는 창작의 동기에 달려있다. 문학이건 음악이건 그리고 미술이건 작가가 창작하려는 대상의 선택이나 접근에서부터 그것은 하나의 의미를 갖는다. 그러나 어떤 대상에 대한 막연한 관심이나 호기심이나 인상만으로 창작에 성공한 예는 없다. 그 관심이 하나의 집착심으로까지 확대되거나 굴착해 들어가는 과정 없이는 불가능하다. 집착은 작은 씨앗에서 싹이 나고 꽃을 피워 마침내는 열매를 맺는 자연의 섭리에다 비유해도 좋을 것이다.

그러고 보면 하나의 대상에 대한 관심이 집착으로까지 확산되어가는 것은 바로 생명감이자 성숙을 의미한다고 해도 과언은 아니다. 단순한 인상이나 호기심이 아니라 그 대상과 일체감을 이루고 그 대상 속에 작가 자신의 감성이나 이성이 절대적으로 융화되지 않고는 불가능한 노릇이다.

미술에 대해서는 문외한인 내가 감히 박성현교수의 예술세계를 말한다는 것은 아무리 생각해도 주제넘는 짓이다. 그런데도 굳이 이런 얘기부터 들추게 된것은 바로 그 집착에 대한 감동을 들 수 밖에 없기 때문이다. 박성현교수가 그 동안 발표한 많은 작품에서 내가 받은 충동은 바로 박성현교수의 자연에 대한 애정과 집착이다. 화가가 자연을 사랑하거나 친근해진다는 것은 얼핏 보기에는 일상적인 충동이자 관례적인 과정으로도 받아드릴수 있다.

안나푸르나의 일출 72.7×60.6 Oil on canvas

그러나 박성현교수의 경우는 좀 사정이 다르다. 산, 나무, 하늘, 강, 화초 그리고 갖가지 계절의 변화는 누구나 선택하는 대상이 될 수 있다. 그런데 박성현교수는 유독 바다에 향해서 온갖 열정과 애정을 쏟아왔다. 박교수가 성장기에 생활한 곳이 바닷가였다는 극히 자연스런 환경도 결코 배제할 수는 없을것이다. 아침 저녁으로 바라보며 그 안에서 생각과 삶이 영글어갔을 바다의 표정이 작가에게 미친 영향은 더 할 수 없는 보람이요 위안이요 안식처였으리라는 점도 쉽게 상상할 수가 있다. 그러나 자세히 눈여겨보면 그 부둣가나 섬 풍경의 표정 하나 하나가 다르다는 점이다. 계절 따라 시간 따라 다르고 그 구도도 다르다. 부둣가의 풍경을 이모 저모로 그리는 작가의 정신은 단순한 "아름다운 풍경화가 아닌 그 안에서 뭔가를 찾아내려는 끈질긴 욕심이자 집념이다. 산과 섬과 하늘과 바다와 그리고 배가 어우러진 풍경도 자칫 잘못하면 천편일률적이며 도식화된 그림이 되기 십상이다. 그러나 박성현 교수의 그 바닷가 그림에서는 뭔가를 추구하려는 뜨거운 입김을 느낀다. 그렇다고 갑작스리 분출하는 화산 같은 열기가 아닌 어딘가 억제되고 침잔해 들어가는 겸손하고 다소곳한 체온을 느낄수가 있다. 풍부한 색채감각과 힘찬 필치가 단순한 힘의 분출로 끝나는게 아니라 오히려 정겹고 조용하고 다정스러운 분위기를 절제하는데 나는 주목을 한다. 그렇다면 그 힘의 근원은 무엇일까?

나는 그것을 인간 박성현의 표정에서 읽는다. 그의 너그럽고 부드럽고 정다운 사람냄새에서 느낀다. 손을 잡았을 때 도톰한 손바닥에서 묻어나는 체온에서 전류처럼 느낀다. 언제나 온화하고 부드러운 미소가 감도는 그의 동글넙적한 표정에서 읽는다. 그것들이 화폭 구석구석에 스며들어 있다는 느낌에서 새삼 박성현교수가 섬과 바다와 부두 풍경을 집요하게 추구하는 뜻을 느끼게 된다. 그가 자연을 벗삼는 의미을 생각한다. 그렇다고 박성현교수가 자연과 대치하는 의지는 결코 실경의 실사가 아닐진데 그 자연속에서 건져내려는 것은 바로 휴머니즘이 아닐런지 모르겠다. 자연과 인간은 서로 대립되는 것이 아니라 그 사이에 놓여진 눈에 보이지 않은 다리를 찾아나서는 순례자가 되기를 원했을지도 모른다. 그것은 곧 회화가 사람의 손끝에서 저질러진 기교라기 보다는 그 인간성 전체의 결집이자 결정체일진데 박성현교수의 자연을 향한 접근은 결코 일시적인 호기심이나 객기가 아닌 본질적인 자기완성을 위한 고행을 자처하는지도 모른다. 나는 그 증거로 박성현교수가 최근에 서울 근교에 아담한 미술관을 마련했다는 한가지 사실만으로도 입증이 된다고 느낀다.

경기도 군포시 속달동 아름답고 평화로운 산자락 숲속에다 마련한 미술관은 어디서 누가 봐도 그 자체가 한 폭의 그림이다. 짙은 녹색을 배경으로 눈부신 흰색3층 건물의 의연하고도 온화한 표정은 박성현교수의 표정을 닮았다. 어찌보면 중세기 한 장원莊園을 연상케한다. 그리고 그 장원을 장악한 영주領主의 당당하고 의젓한 모습이 다름 아닌 화가 박성현교수일진데 그는 자기만의 영토안에서 자신의 세계를 고수하려는 힘의 소유자임을 입증한 셈이다. 그가 바다에서 육지로 옮겼다는 외형적인 변화가 결코 그의 예술관이나 인생관의 변화를 뜻하는 것은 아닐 게다. 바다가 산으로 변한다 해도 박성현교수의 예술은 여전히 자연속에 뿌리 내리고 자연 속에서 성숙할 것이 분명하다. 그가 부둣가에서 맴돌던 젊은날의 낭만이 이제는 푸른 숲속으로 자리 옮겼을 뿐 박성현교수는 지금도 방황하고 소망하고 그리고 꿈꾸는 영원한 자연인임을 나는 의심치 않는다.

그의 자연의 귀의감, 풍부한 색채감, 그리고 대담하고 힘찬 필치가 더 다듬어지고 절제되기를 빈다. 그리하여 자연과 삶이 일치된 작품이 더욱 더 정력적으로 창조될 앞날을 기다릴 뿐이다.

〈극작가〉

안나푸르나 푼힐 145.5×89.4㎝ Oil on canvas

나의 벗, 박성현 화백

천정배

요즘 고향의 봄 날씨는 어떻습니까? 오랜 벗, 박성현 화백의 전시회 소식을 듣고서 잠시 고향생각에 빠져들었습니다. 유달산 너머로 떨어지던 해, 벌겋게 물들이던 황혼, 짠 바닷바람, 수업시간에 듣던 기차 기적소리, 비릿한 냄새가 깔린 선창. 풍요하지는 않았지만 서로 나누는 마음만은 넉넉했던 기억이 새롭습니다.

이 속에서 벗 박성현은 예술에 대한 정열을 살라왔습니다. 서로가 바빠서 일일이 얘기를 나누지도 못하고 살아가지만 이렇게 가끔씩이나마 전해오는 전시회 소식을 들을 때마다 나는 박성현 화백의 지치지 않는 왕성한 탐구력과 창작열에 놀라곤 합니다.삶의 궤적을 밝은 빛으로 담아내는 그의 탁월한 예술혼은 마음만은 언제나 넉넉했던 세월의 응축이겠지요.

나이 50을 넘어, 시간의 풍화작용은 소년 박성현의 머리 뒤부분을 거의 빠지게 했지만 그의 눈을 보면 아직도 초롱초롱합니다.

캔버스 앞에서 골똘히 생각에 빠져 앉아 있는 모습을 보면 아직도 꿈 많은 소년일 거라 생각합니다. 항상 그랬듯이 그의 예술에서, 그의 그림에서 세상에 대한 그의 사랑과 꿈이 실현되기를 기대합니다. 프랑스의 앙드레말로는 '오랫동안 꿈을 그리는 사람은 마침내 그 꿈을 닮아간다' 고 했던가요?

문화도 서울 중심이어서 이제 예향 목포의 맥이 흔들린다는 걱정스러운 이야기도 듣습니다. 이러한 환경 속에서도 창의적인 예술정신으로 지역의 문화를 일구는 여러분의 노고에 존경과 경의를 드립니다. 예술가는 관객의 사랑을 먹고삽니다.

목포 출신의 많은 예술가들이 정열적으로 창조적인 예술 활동을 할 수 있도록 우리 모두가 좋은 관객이 되고, 따듯한 비평가가 되기를 바라는 마음 간절합니다. 그 속에서 예술의 향기도 피어나고 예향 목포의 전설도 이어져 갈 것이기 때문입니다.

여러분의 행운과 건승을 기원합니다.

〈국회의원〉

리얼리즘과 낭만주의 화가

이재인

박성현 - 그에 대해서는 일찍이 대학시절 정찬경 화백을 통해 이름을 들은바 있다.
그때 우리나라의 내노라 하는 시인 소설가 지망생들의 족보를 훤히 꿰고 있는 문학청년이었던 나는 박성현? 박성현이라면 시쓰는 놈, 목포 부둣가에서 명기환이란 시인과 붙어 다녔던 놈이었던 것을 아득히 떠올렸다.
「아녀, 그놈하곤 달라」
「달라?」
나는 문인의 호적을 거의 외우는 처지라 머리를 갸우뚱했다. 화가지망생이라면 문학을 하는 나로서는 신기한 희귀조처럼 생각을 했다. 정찬경 형은 그때 홍익대에 다닐 때였는데 나는 그림을 그리는 환쟁이들을 진흙속에 묻혀있는 보석처럼 생각했었다. 그런데 30년이 훨씬 지나서 어느 그룹전에서 바다 풍경을 출품한 진짜 박성현의 작품을 대면했다. 그때의 황홀경은 나처럼 감성이 풍부한 작가에게는 눈시울을 뜨겁게 하는 그림이었다. 낙조와 바다와 배가 삼위 일체로 농익은 솜씨였다.
그 즉시 확인차 창산 김대원 화백에게 전화를 걸었다. 그는 부재중이라고 전해들었다. 범초 홍재연 화백에게 시외 전화를 걸었다. 그도 해외 스케치 여행중이라는 짤막한 전갈이었다. 그래서 이사중이었던 정찬경 화백에게 물어물어 찾아갔다. 나의 물음에 대뜸 그가 말했다.

차마고도 53.0×45.5 Oil on canvas

「이형은 기억도 좋네. 30년 전에 말했던 박화백을 기억해?」

나는 그에게 칭찬 아닌 칭찬을 듣고 이 아름다운 그림, 솔직히 말해 실력이 있어 보이는 작자와 친구를 하고 싶어 박성현 화백을 찾아갔다. 아마도 보신탕이 잘 팔리던 삼복 어느 날, 그는 외출중이었고 그의 집 마루 한 구석에 그림 한점이 외롭게 졸고 있었다. 그의 그림을 대면했으니 본전은 뽑았다고 생각하자 별로 억울할 것도 없었다.

그 후 몇 년 후에 그를 경기대학교 회화과 연구실 앞에서 맞부딪쳤다. 혹시나 하여 일도 박영진 교수에게 박성현이 그 화가가 아니냐고 물었다.

「예산형, 맞어. 그가 괜찮은 그림을 그리는데 이번 학기 우리학교 교수로 왔어요.」

「그래? 기막힌 인연이로군…」

나는 덥석 다가가 인사를 청했다.

「소설 쓰는 놈입니다. 내 만나뵈러…」

그를 찾아갔었다는 말은 입에서 맴돌았지만, 괜히 존심에 꺼내지도 않았다.

그때 실물의 박성현 화백은 꼭 잘익은 살구처럼 모진 구석이 하나도 없었고 두 눈만 가진 사내였다. 눈에서 총기와 바람끼가 계속 일렁였다. 나는 소름이 꽉 끼쳤다. 기氣가 센놈이로구나…

그렇다. 기가 곧 작품의 형성요인이고 색과 선의 공간을 바로 적용시키는 도구였다. 눈빛에 광채가 없다면 그는 화가가 아니다. 나는 박성현, 그에게 짧은 순간에 무당을 만난 듯한 착각에 빠졌지만 일말 경계하면서 조심스럽게 접근했었다. 그러던 것이 이젠 그와 벌써 7년 넘은 인연이 되었다.

나는 그의 연구실과 이웃하고 있었으며 이따금 술맛 보러 그와 어울려 그의 문하생 따라 화실도 기웃거리게 되었다.

그러면서 정찬경이 극찬했던 그의 작품세계에 빠져들었다.

박성현은 색채가 강렬하면서 부드럽다. 부드러움은 인위적이라기보다 그의 품성에서 발현하는 것으로 숙명적인 것으로 보여진다.

바다를 주요 배경으로 하는 것은 그의 고향이 목포기 때문이다. 목포는 항구가 아니다. 목포는 그림이 샘솟는 바다이다.

우리나라 내놓으라 하는 화가, 서예가 더 나아가서는 문인들까지 바다를 주제로 하고 있다. 박화성, 차범석, 천승세, 명기환, 최일환 등등이 바다를 주제로 썼다. 그래서 목포를 예향이라 한다.

박성현의 그림에는 동심적 요소가 짙다. 인간은 20세 후반만 되면 귀향의사를 가진다는 앙드레 말로의 말대로 그의 그림의 색과 모티브는 귀향의식인 동시에 동심적 요소이다. 그런가 하면 그의 미학은 하나의 작품에만 투영되는 것이 아니라 전편에 일관되게 흐르고 있어 사실주의와 낭만주의가 합일된 작품세계이다.

나는 50년 가까이 살면서 숱한 그림을 보아왔다. 그러나 박성현처럼 미학이 내면으로 육화되어 작품속에 나타내는 화가는 손가락으로 꼽을 정도이다.

가령 이중섭, 박수근, 바생광, 김기창의 작품속에서나 보여졌던 미학이 시대와 역사를 뛰어 넘어 사십대 나이의 박성현에게 이르렀다는 점은 우리 화단과 강단에서 하나의 기쁨이다.

그가 나와 같은 대학에서 교수로 재직하고 있다는 것이 나에게는 큰 그림공장을 가지고 있는 듯 풍요롭다.

사실, 박성현의 그림 이야기는 원고지 몇장으로 그의 무게와 빛과 명성을 어찌 밀할 수가 있겠는가.

〈경기대교수 · 소설가〉

海韻 - 그 바다의 소리

조광석

해운海韻을 듣는다

누구나 바다 앞에 서면 막연한 그리움과 마주치게 된다. 그리고 바다는 우리의 마음을 열어놓게 한다. 그 그리움은 멀리 수평선 너머에 있을 법한 무엇을 기대하는 것일 수도 있다. 수평선의 무한한 거리감과 함께 그 너머에 또 다른 대지를 감추고 바다는 출렁일 뿐이다. 그곳의 파도는 역사를 묻어버리고, 대지를 감추고 계속 우리들에게 이야기하고 있다. 그렇지만 그 이야기는 아무나 듣고 볼 수 없는 출렁이는 물거품으로 나타나고 사라진다. 작가는 그 이야기를 바다에서 보고 있다. 시간과 함께 사라진 많은 사건들, 멀리 사라진 대지의 이야기를 본다.

똑같은 파도를 작가가 다양하게 보는 것도 그 나름의 내면의 이야기가 있기 때문이다.

박성현은 이번 전시에서 바다를 이야기한다. "바닷가에 서면 파도가 하얀 거품이 되어 부서지며 그 움직임마다 형상이 다르고 쉴새없이 반복된다. 들어오고 나가는 바닷물은 형형이 다르고 색도 다르다. 하루종일 쳐다보아도 싫증이 나지 않고 또 다른 형태의 부서짐을 기다리고 즐긴다." 그것은 작가의 시각에서 체험적 단계를 넘어서 감성적 의미로 해석된다. 반복되어지는 일상적 사건 같지만 작가의 눈에는 다양한 이야기로 나타난다. 바다는 하나의 피사체로서 화면 위에 그려지지만 다양한 의미를 구성하는 이미지를 지니고 있다. 그것은 때로는 설명적이기도 하며 음악처럼 운율로 이해될 수 있는 리듬을 지니고 있다.

탕청봉 72.7×60.6 Oil on canvas

그 운율을 통해 그는 바다에서 이루어진 수많은 역사의 흐름을 읽고 있다. "완도 바닷가에 서면 장보고와 사라센 동화 같은 아라비아의 상인을 보고, 거문도에서는 러시아 함대의 이야기를 듣는다. 또한 강화에서는 프랑스함대, 진도에서는 이순신이 만났던 왜인들의 함대를 반난다." 그러한 이야기는 역사적 사실을 추리하는 환상을 넘어서 현실로 받아들이고 있다. 또한 그는 말한다. "전설처럼 들려오는 바다에 사는 용의 이야기, 내가 살던 용당동, 용해동은 틀림없이 바다속 용궁이 있었을 것이다." 허황되기도 하며, 어린아이처럼 천진난만하다고도 할 수 있을 것이다.

역사와 전설을 추리하는 그의 사고는 추상적인 감정보다는 실체적이며 경험적인 사실들과 연관시키고 있다. 특정한 장소가 지니고있는 역사적 사실들은 이미 오랜 세월과 함께 우리의 눈앞에서 사라지고 현실에서는 아무 것도 볼 수 없지만 그 현장은 이야기로 그대로 남아있기 때문이다. 특히 바다의 물거품은 다양한 변화를 보여주지만 항상 그곳에 있다. 우리가 느끼는 것은 구체적인 무엇이 아니라 막연한 이야기이지만 박성현이 체험한 다양한 바다는 이야기를 담고있다.

사람들이 항구를 찾는 이유가 있다. 바다와 사람이 만나는 항구는 그 생명의 호흡을 전파하고 있기 때문이다. 그 호흡은 비릿한 향기로 항구에서 퍼뜨리고 있다.

부두에서 듣게 되는 아낙들의 잡담들과 뱃사람의 떠드는 소리, 배에서 퍼지는 엔진소리 모든 것이 소음으로 들리기보다는 생명의 박동으로 느낄 수 있다. 그 소리가 화면 위에서는 배의 곡선으로, 부둣가 방파제의 돌조각으로, 그곳에 부딪치는 파도의 물거품으로 나타난다. 물리적 현상을 거론하지 않더라도 바다는 생명의 어머니이다. 많은 생명이 살아 움직이는 곳, 바다 스스로도 숨을 쉬듯 헐떡이고 있다.

바닷가의 사람들은 육체적 어려움을 딛고 그 생명력은 매일 바다로 이끄는 것이었다. 그리고 바다를 휘젓고 다니는 배들은 인간의 생명을 키우고 있다.

바다에 사는 사람들은 그 호흡을 먹고산다. 바다가 넘겨주는 많은 생명의 에너지를 열심히 육지로 나르고 있다.

풍경으로서 바다는 다양한 소재를 담고 있다. 위치에 따라 변화되는 다양한 경관은 파도를 통해 동일한 이미지로 남게된다. 바다에 대한 그리움은 그러한 이야기를 기대하기 때문이다.

우리는 바다 앞에 섰을 때 막연한 그리움을 느끼게 된다. 그리고 무한한 넓이에서 감탄을 하게 된다. 특히 박성현은 서해의 갯벌과 그것이 만나는 해안선의 경관, 바다와 사람이 오고가는 항구에서 그리움을 해소한다. 단순한 파도, 예컨대 바닷가에 부딪치는 파도를 보자, 그것은 출렁이며, 거칠게 퍼져나가기도 하며, 형태를 지니지 않은 채 때로는 흐릿하거나, 흰 거품을 뿜어대기도 한다. 그 파도는 바닷가에 일상적인 사건이나 경치에 불과한 것이다.

박성현에게 파도의 형상은 물리적 속성을 모아놓은 물거품이 아니다. 작가는 그 파도에서 과거와 현재를 연결시키며 이야기를 하고 있다. 작가는 파도에서 인간의 내면으로 들어가고자 한다. 그 파도는 어느 바닷가에 가도 있다. 그러나 그 장소에 따라 역사를 지닌 파도를 보는 것은 그가 지니고 있던 내면과 연계시키고 있기 때문이다. 개인적 상상의 세계를 진입하는 방식일 수도 있다. 그렇지만 상상의 세계만 있는 것은 아니다. 화면 위에 그려진 파도는 감상적 이야기가 아니다. 우리가 본 것과는 다르게 그가 본 것은 실체 이상의 담론을 지고 있다. 이미 작가의 경험이 표상화된 상상의 세계가 있다. 그렇다고 해서 추상적인 담론의 세계로 접근하는 것은 아니다. 회화적 세계에서 형태와 색채 속에 경험된 삶을 지니고 있다.

전체적인 인간적 상황 속에 개인적인 경험은 결국 작가가 우리에게 설명하려고 하는 실제적인 현상인 바다의 풍경으로 나타난다. 바다의 이야기는 화면에 전사된 이미지에 불과하지만 바다와 주체, 세상과 의식, 상호적인 관련이라는 은밀한 율동을 의미한다.

우리는 바다 앞에 섰을 때 막연한 그리움을 느끼게 된다. 그리고 무한한 넓이에서 감탄을 짓게 된다. 박성현은 그 바다의 이야기를 그리고 있다.

〈미술 평론가 · 경기대 교수〉

안나푸르나의 일출 33.4×24.2 Oil on canvas

박성현 Park Sung Hyun

홍익대학교, 대학원 서양화과 졸업

개인전 16회(서울, 파리, 도쿄)

상형전, 신작전 회원전 출전

살롱 드 쁘랑땅 국제 회화 교류전(일본, 한국)

한국 현대 미술제(국립 현대 미술관)

서울 미술제(서울 시립 미술관)

화랑 미술제(예술의 전당)

구상 미술 대전(예술의 전당)

쿤스트 아우스 코리아(베르린, 한국문화원)

한국의 자연, 빛의 인상(파리, 시떼 데자르)

한 · 네팔 화가 교류전(카트만두, 네팔)

한 · 러시아 교류전(모스크바, 크즈넵스키 미술관)

대한민국 미술대전 운영 심사 위원 역임

경기대학교 예술대학 미술학부 교수

섬인섬 FAM 재단 이사장

현주소 : 경기도 수원시 장안구 조원동 한일타운 122-1802

전 화 : 017-335-4787

이메일 : sunghyun6460@hanmail.net

시인 약력(수록순)

김남조 ∥ 1927년 대구 출생. 숙명여대 교수 역임(1955~1993). 한국시인협회, 한국여성문학인회 회장 역임. 현재 숙명여대 명예교수, 예술원 회원

조오현 ∥ 1937년 절간 소머슴으로 입산. 시조집 『심우도』 상재.

나기철 ∥ 1953 서울 출생. 1987 《시문학》에 「원주(原州)」 등을 발표하며 등단. 〈경작지대(耕作地帶)〉 동인.

이용우 ∥ 1936년 안동 출생. 1968년 《아동문학》, 1969년 〈새한신문〉 동시 추천. 시집 『열리는 희열』, 『나무가 겨울을 참는 것은』 상재. 경북문인협회 이사.

오인태 ∥ 1962년 경남 함양 출생. 1991년 「녹두꽃」으로 등단. 시집 『그곳인들 바람 불지 않겠나』, 『혼자 먹는 밥』, 『아버지의 집』

윤　효 ∥ 1956년 충남 논산 출생. 본명은 창식(昶植). 1984년 『현대문학』추천. 시집 〈물결〉, 〈얼음새꽃〉. 제16회 편운문학상 우수상 수상.

복효근 ∥ 1962년 전북 남원 출생. 1991년 계간 《시와시학》 등단. 제5회 편운문학상 신인상, 《시와 시학》 젊은 시인상 수상.

오세영 ∥ 1968년 《현대문학》에 시 「잠 깨는 추상」으로 등단. 1999년 제7회 공초문학상 수상. 제35대 한국시인협회 회장.

정경남 ∥ 경남 하동 출생. 2006년 《열린시학》 신인상 당선.

이지엽 ∥ 전남해남 출생. 1982년 《한국문학》 신인상과 1984년 경향신문 신춘문예로 등단. 시집 『씨앗의 힘』, 『북으로 가는 길』 외. 경기대학교 국문학과 교수.

정일근 ∥ 1958년 경남 양산 출생. 1985년 한국일보 신춘문예 시 당선. 시집 『바다가 보이는 교실』 『착하게 낡은 것의 영혼』 등. 소월시문학상, 영랑시문학상 수상.

하두자 ∥ 월간 《심상》으로 등단. 시집으로는 『물수제비 뜨는 호수』, 『물의 집에 들다』 외.

함순례 ∥ 1966년 충북 보은 출생. 1993년 『시와 사회』 등단. 시집 『뜨거운 발』

황인원 ∥ 서울 출생. 1986 《시조문학》 시조 등단, 1990년 《민족문학》으로 시 등단. 시집 『생각의 뼈』.

박시교 ∥ 1947년 경북 봉화 출생. 매일신문 신춘문예에 시조 「온돌방」 당선. 오늘의시조문학상, 중앙시조대상 수상.

김제현 ∥ 전남 장흥 출생 조선일보 신춘문예 당선. 《시조시학》 발행인.

정다혜 ∥ 대전 출생. 2005년 《열린시학》 신인상 당선. 2007년 시집 『스피노자의 안경』 발간.

윤향기 ∥ 경기대학교 출강. 오지여행가. 계간 《열린시학》, 격월간 《정신과 표현》 편집위원.

김정완 ∥ 1932년 경남 거제도 출생. 1996년 《조선문학》 신인상 등단. 시집 『남녘 끝의 햇살』, 『거제도』 등.

한규동 ∥ 《문학과 창작》으로 등단. 시집 『언어 젓갈 담그기』. 명지전문대 강사 .

박상호 ∥ 《열린시학》으로 등단. 신태양건설(주) 대표이사, 회장.

이재식 ∥ 1985년 《현대시학》 등단. 시집으로 『거두기』 외 7권. 경기대학교, 성균관대학교 출강.

김영자 ∥ 1999년 월간 《아동문학》 아동문에 동화시인상 수상.

오승철 ∥ 1957년 제주 출생. 1981년 「겨울 귤밭」 〈동아일보〉 신춘문예 당선. 「항아리」 《시조문학》 천료.